This Gratitude Journal Belongs To:

____

Today I Am Grateful For...

Today I Am Grateful For...

Today I Am Grateful For...

Today I Am Grateful For...

Today I Am Grateful For...

Today I Am Grateful For...

Today I Am Grateful For...

Today I Am Grateful For...

Today I Am Grateful For...

Today I Am Grateful For...

Today I Am Grateful For...

Today I Am Grateful For...

Today I Am Grateful For...

Today I Am Grateful For...

Today I Am Grateful For...

Today I Am Grateful For...

Today I Am Grateful For...

Today I Am Grateful For...

Today I Am Grateful For...

Today I Am Grateful For...

Today I Am Grateful For...

Today I Am Grateful For...

Today I Am Grateful For...

Today I Am Grateful For...

Today I Am Grateful For...

Today I Am Grateful For...

Today I Am Grateful For...

Today I Am Grateful For...

Today I Am Grateful For...

Today I Am Grateful For...

Today I Am Grateful For...

Today I Am Grateful For...

Today I Am Grateful For...

Today I Am Grateful For...

Today I Am Grateful For...

Today I Am Grateful For...

Today I Am Grateful For...

Today I Am Grateful For...

Today I Am Grateful For...

Today I Am Grateful For...

Today I Am Grateful For...

Today I Am Grateful For...

Today I Am Grateful For...

Today I Am Grateful For...

Today I Am Grateful For...

Today I Am Grateful For...

Today I Am Grateful For...

Today I Am Grateful For...

Today I Am Grateful For...

Today I Am Grateful For...

Today I Am Grateful For...

Today I Am Grateful For...

Today I Am Grateful For...

Today I Am Grateful For...

Made in the USA
Monee, IL
17 December 2020

53990593R00066